G. AUBIN

UN PEINTRE BAS-ALPIN OUBLIÉ

PAUL DU QUEYLAR

DIGNE
IMPRIMERIE CHASPOUL, CONSTANS ET Ve BARBAROUX
Place de l'Évêché, 7

1887

G. AUBIN

UN PEINTRE BAS-ALPIN OUBLIÉ

PAUL DU QUEYLAR

DIGNE
IMPRIMERIE CHASPOUL, CONSTANS ET Vᵉ BARBAROUX
Place de l'Évêché, 7

1887

A

L'ARRIÈRE PETITE NIÈCE

DU

Peintre Paul DU QUEYLAR

Mme la comtesse De Nattes-Villecomtal

Digne, septembre 1887.

G. A.

UN PEINTRE BAS-ALPIN OUBLIÉ

PAUL DU QUEYLAR

I.

Paul du Queylar. — Ses ancêtres. — Sa famille.

Noble Hugues-Jean-François-Paul du Queylar naquit à Digne, le 31 octobre 1771, et fut baptisé le 3 novembre suivant, dans la chapelle du palais épiscopal, par Monseigneur Pierre-Paul du Queylar, évêque et seigneur de Digne, son grand oncle paternel, qui devint, ce jour-là, son parrain.

Paul était le fils de Jean-Polyeucte du Queylar, qui épousa, le 13 décembre 1770, Marie-Anne-Polixène de Barrigue de Fontainieu. Ce mariage avait été célébré à Marseille, dans la paroisse Saint-Martin.

Jean Polyeucte avait été reçu avocat au Parlement de Provence, le 2 mai 1760 (1). Il était l'aîné des trois enfants de Jean-Mathieu, qui, le 29 octobre 1733, avait épousé demoiselle Marie-Élizabeth du Pont et avait eu de ce

(1) Il était né le 13 février 1737.

mariage, outre Jean-Polyeucte, Jean-Joseph-Tranquille, chanoine à l'église cathédrale de Digne, et une fille, Marie-Jeanne, qui épousa (1) noble J.-B.-François d'Eyssautier, écuyer de la ville de Brignoles, capitaine au régiment royal d'artillerie et gouverneur pour le roi de la ville de Lorgues (2).

Jean-Mathieu était lui-même l'aîné des neuf enfants de Jean de Varages (21 juin 1679 — 28 octobre 1729), noble verrier (3), qui, le 23 juillet 1703, avait épousé demoiselle Anne de Castillon-Cucuron. De ces neuf enfants, le plus connu est Pierre-Paul, évêque de Digne (4). Un autre, Jean-Baptiste, mourut à Sainte-Lucie (Amérique), après avoir eu une fille, morte non mariée en 1764. Un quatrième fils de Jean fut Joseph-Hyacinthe, prêtre de l'Oratoire (1718-1767). Les cinq filles furent : Marguerite, non mariée (1710-1762); Gabrielle, qui fut religieuse de la Visitation, à Digne (1715-1744); Claire, qui épousa, en 1743, Gaspard de Cymon; Catherine, religieuse bernardine, à Manosque (1723-1753), et Marie-Thérèse, morte encore enfant (1725-1730).

De cette rapide revue généalogique des aïeux de Hugues-Paul du Queylar, il résulte que les du Queylar étaient

---

(1) Le 26 avril 1768.

(2) Ai-je besoin d'avertir que toutes ces indications généalogiques m'ont été fournies par les divers nobiliaires connus, surtout par celui de d'Artefeuil? C'est là que j'ai le plus amplement puisé pour tous les renseignements de ce genre.

(3) Voir, à l'appendice, une note sur les nobles verriers.

(4) Il naquit à Varages, le 29 juin 1716. Vicaire général de Mgr Louis-Sextius de Jarente de la Bruyère, il lui succéda le 2 février 1758. A la suite de certains dissentiments avec le chapitre, Mgr du Queylar s'était retiré à Varages (29 novembre 1778). Il se démit résolûment de ses fonctions en janvier 1784, à la suite des difficultés que lui suscitait le projet d'union des églises de Senez et de Digne. Il mourut au mois de décembre de la même année et fut enterré dans l'église de la paroisse de Varages.

alliés depuis longtemps à bonne et franche noblesse. D'où venaient-ils ?

Cette famille était originaire du Languedoc et comptait des membres illustres. Le plus ancien paraît être Guillaume Caylar, qui, en 1386, avait épousé Louise de Saint-Bonnet de Toiras et dont un descendant, Jean du Caylar de Saint-Bonnet (1), fut maréchal et vice-amiral de France sous Louis XIII, premier gentilhomme de la chambre du prince de Condé, gouverneur d'Auvergne et de la Rochelle, du pays d'Aunis, des îles de Ré, etc. (2). C'est probablement au XVIIe siècle que cette famille passa de Languedoc en Provence, où elle a fait bâtir le château de Varages et la verrerie de Beauvillars. Le premier qui s'établit dans notre pays paraît être Jean-Mathieu (1637-1684), le père de Jean de Varages et de sept autres enfants.

Hugues-Paul du Queylar, dont nous avons entrepris d'étudier la vie et les œuvres, était donc, s'il nous est permis de parler ainsi, l'arrière-arrière-petit-fils de ce Jean-Mathieu, qui vint s'établir de Languedoc en Provence. Il eut une sœur, Marie-Élisabeth-Polyxène, moins âgée que lui et qui naquit aussi à Digne, le 12 février 1774. Elle épousa, à Lambesc, Camille Cola de Pradines, le 28 fructidor an III de la République. De ce mariage naquit Henriette-Caroline de Pradines, qui épousa Thomas Marie-Joseph, baron de Castillon (4 mai 1819). Leur fils, Maxence de Castillon, mourut jeune (3) peu après son mariage avec mademoiselle Albertine de Forbin, dont il a eu Raymond, non encore marié, et Isabelle, aujourd'hui comtesse de Nattes-Villecomtal.

---

(1) 1585-1636.

(2) Il dut à son habileté dans l'art de prendre les oiseaux la faveur de Louis XIII, qui le nomma lieutenant de sa vénerie et capitaine de sa volière (Voir Baudier, *Histoire du Maréchal de Toiras ;* Paris, 1644, in-12.)

(3) A Valmousse, en 1856.

Par sa mère, Paul du Queylar tenait aussi à vieille noblesse.

La famille Barrigue, originaire du Portugal et très célébrée par les historiens de ce pays, comptait parmi ses membres Pierre Lopez Barrigua, commandant l'avant-garde de l'armée du général Aluide. Il s'était distingué au Maroc et fut récompensé par Jean III (1), qui lui donna des armes parlantes. Plus tard, Amiel et Mathieu, ses descendants, vinrent s'établir à Marseille, pour y réparer leurs pertes par le commerce. Ils y formèrent deux branches, l'une des seigneurs de Fontainieu, l'autre des seigneurs de Montvallon. C'est à la première qu'il faut rattacher Marie-Anne-Polyxène, la mère de Paul du Queylar et de Marie-Elizabeth. Elle était fille d'un amateur très distingué de beaux-arts et de littérature, possesseur de grands domaines à Marseille, notamment du splendide château des Aygalades. Marie-Anne-Polyxène de Barrigue de Fontainieu mourut à Lambesc, le 17 novembre 1822 (2). Quant à son époux, Jean-Polyeucte, il mourut pendant l'émigration. Je n'ai pu, malgré mes recherches, retrouver la date exacte, ni le lieu de sa mort. La famille elle-même ne peut fournir à ce sujet aucune indication. Mais il résulte de diverses pièces (3) qu'il était décédé avant l'an III de la République.

II.

Paul du Queylar. — Ses études. — Ses voyages.

Paul du Queylar alla de bonne heure étudier le dessin

---

(1) Jean III (1521-1557) avait succédé, sur le trône de Portugal, à son frère Emmanuel le Grand (1495-1521).

(2) Voir, à l'appendice, une note sur Prosper Barrigue de Fontainieu, peintre de paysages, qui vivait à la même époque que du Queylar.

(3) Et notamment du contrat de mariage de sa fille avec Camille Cola de Pradines. Sa signature n'y figure pas.

à Aix, chez Constantin (1), qui dirigeait alors dans cette ville une école célèbre. Il s'y lia avec deux de ses condisciples qui, eux aussi, se sont fait un nom parmi les artistes de la première moitié du siècle : le comte de Forbin (2) et Granet (3). C'est de là que datent les relations amicales qui n'ont cessé d'unir jusqu'à la mort ces trois hommes remarquables, d'un âge presque égal et tous trois d'un talent incontestable. Mais les hasards de la vie et les troubles de cette époque de notre histoire les séparèrent bientôt pour quelque temps. Nous retrouvons Paul au siège de Toulon, en 1793. Il avait alors 22 ans. De suite après, il entre à l'atelier de David, alors très fréquenté et où se trouvaient déjà ses deux amis de l'école d'Aix. Sous un tel maître, aidés de leurs dispositions naturelles et des excellentes leçons qu'ils avaient déjà reçues, les progrès de ces trois méridionaux furent rapides. Puis, pour se perfectionner dans l'étude des arts et aller chercher au milieu des souvenirs de l'antiquité classique les éléments nécessaires à la consécration de leur talent, ils partirent pour Rome, probablement ensemble, vers 1802. A Rome, du Queylar passa plusieurs années. Entre autres brillantes relations, il y connut le général Miollis (4), que Napoléon Ier avait chargé, en 1807, du gouvernement des Etats de

---

(1) 1757-1843. Auteur de toiles remarquables : *Château de la Barben*, *Vallée de Moustiers*. Son fils Sébastien, était vers 1815 à Digne. Ses tableaux à l'encre de Chine révèlent chez cet artiste un grand talent. Mme Segond et M. Joseph, de Digne, ont la bonne fortune d'en posséder quelques-uns.

(2) Louis-Nicolas, comte de Forbin (1779-1843), artiste de beaucoup de talent. Il fut surintendant des beaux-arts, sous le règne de Louis-Philippe.

(3) Granet (1775-1849) s'est fait un nom comme peintre d'intérieurs. On peut admirer la plus grande partie de son œuvre au musée d'Aix-en-Provence. Il faut y louer son remarquable talent pour les effets de perspective.

(4) Miollis (Sextius-Alexandre-François) naquit à Aix, en 1759. Il mourut en 1828. C'était le frère de Charles-François-Melchior-Bienvenu, qui fut évêque de Digne de 1805 à 1838.

l'Église. On sait que Miollis, qui, suivant le mot de Thiers (1), « joignait à un caractère inflexible l'esprit le plus cultivé », réunissait à sa cour les artistes distingués qui étudiaient alors à Rome. A ce titre, du Queylar était souvent reçu chez lui. D'ailleurs, n'étaient-ils pas compatriotes, tous deux fils de Provence, et leurs relations communes avec les familles les plus célèbres de ce pays ne les tenaient-elles pas dans un parfait accord d'idées et de goûts? Du Queylar revint de Rome en 1811, et nous le trouvons alors à Aix, où il travaille quelque temps, puis à Paris, en 1812. En 1816, après l'exil de son ancien maître, David, réfugié en Belgique, du Queylar retourne en Italie. Il y passe deux nouvelles années et, à son retour, reste encore près de trois ans à Paris. Entre temps, il est à Lambesc, où sa sœur et sa mère résident, à Marseille chez ses oncles (2), à Arles, qu'il traverse pour aller au Château d'Avignon, en Camargue, où l'invite la famille de la Tour du Pin, avec qui il est très lié. Mais il ne fit jamais, dans chacune de ces villes, du moins à cette époque, de séjour trop prolongé.

Quoi qu'il en soit, en 1821, las des voyages, aspirant à un repos d'ailleurs bien mérité, du Queylar revient se fixer définitivement en Provence. Que faut-il alors à ce pèlerin? Un coin de terre où il lui soit permis de finir tranquillement ses jours, où les joies de la famille, qu'il avait jusqu'alors si peu goûtées, lui fissent une existence heureuse. Ce coin de terre, c'était le domaine de Valmousse (3), près de Lambesc. Du Queylar se trouvait là au milieu d'êtres chers à son cœur, qui devaient lui rendre facile sa vieillesse et doux son repos : sa mère, qu'il perdit malheureusement un an après (17 novembre 1822), sa sœur,

---

(1) *Histoire du Consulat et de l'Empire.*

(2) Les Barrigue de Fontainieu.

(3) Valmousse est un petit village de 30 habitants.

son beau-frère, M. de Pradines, sa nièce et son neveu, la baronne et le baron de Castillon.

D'ailleurs, tout dans ce pays devait sourire à cet artiste, chez qui restait vivace encore l'amour de l'art et des beautés de la nature. C'est, en effet, un séjour des plus poétiques que cette terre de Valmousse. A l'est, une plaine vaste et fertile, couverte de prairies et de verdure et traversée par la Touloubre, que bordent des arbres séculaires ; au midi, un grand jardin et une forêt de pins ; au nord, la rivière ; à l'ouest, des collines escarpées couvertes de bois (1), un ravin assez large, gazonné, couvert de chênes et de peupliers blancs, à travers lesquels ne passent point les rayons du soleil. Pour du Queylar, Valmousse devait être un coin des Alpes et de son pays natal transporté sur un autre territoire.

D'ailleurs, du Queylar n'avait pas dit au monde un éternel adieu. Bien souvent encore, il sortit de sa retraite pour aller revoir ses anciens amis. L'amitié qui, de bonne heure, l'avait lié sur les bancs de l'école avec Granet et de Forbin réclamait ses droits, et c'était alors une joie pour les trois amis de se réunir encore. Granet venait à la Barben, au château de Forbin ou à Valmousse (2). On passait là des journées, des semaines entières, à causer du passé, des études présentes, à évoquer les souvenirs de l'école et de Rome. Et le temps passait rapide pour ces artistes vieillis, au milieu des beautés de cette admirable nature, où tout était motif à réflexions poétiques et à salutaire inspiration. Ou bien c'était le général Miollis, qui

---

(1) Ce qui rend le paysage aujourd'hui plus attrayant, c'est le magnifique aqueduc du canal de Marseille, presque aussi élevé que celui de Roquefavour

(2) Les deux propriétés sont à une distance de 4 kilomètres. Le château de la Barben, l'un des plus remarquables de la Provence, est situé sur un rocher, entre la Touloubre et le vallon de Moreau, dans un site des plus pittoresques. Il a successivement appartenu à la famille de Pontevès, au ro René et à la famille de Forbin.

venait d'acquérir la terre du Château d'Avignon et qui, après avoir passé quelque temps à Lambesc, emmenait avec lui son ancien protégé de Rome et le gardait des mois entiers. Mais, à partir de 1835, du Queylar ne quitte plus Valmousse. Il est vieux et ressent plus vives les douleurs d'une affection intestinale qui le tourmente déjà depuis longtemps. Cloué sur un fauteuil ou dans un lit, il ne peut même plus peindre. C'était pour un cœur d'artiste la plus grande des privations. Pourtant il ne perd pas sa gaîté ; il est, comme les autres membres de sa famille, doux et obligeant pour chacun. Les vieillards de Lambesc, tous ceux qui ont fréquenté le château, à titre d'ouvriers, de domestiques (1) ou d'hommes de peine, vantent encore la générosité, la douceur, la bienveillance de Mme de Pradines, de la baronne de Castillon et de M. Paulin ; c'est ainsi qu'ils l'appelaient (2). Lui, se plaisait en compagnie des travailleurs, causant et ne rougissant pas de trinquer avec eux, joyeux célibataire, sans souci, sans ennui, choyé, gâté par cette famille dont il était comme le père. Mais, peu à peu, il vit tomber autour de lui tous ceux pour qui il s'était pris d'affection. Miollis n'avait pas joui longtemps de son domaine de Camargue ; il était mort en 1828. Dix ans après, M. de Pradines meurt à Aix ; puis l'année 1843 est la pire de toutes : Constantin, son premier maître, le comte de Forbin, son ancien condisciple et ami, sa sœur Polyxène, tous trois s'en vont. Deux ans après, ce fut son tour. Il mourut le 1er mars 1845, âgé de 74 ans, gardant jusqu'au dernier jour la plus grande lucidité d'esprit (3).

---

(1) De ce nombre est M. Jausseran, le vieux valet de chambre de du Queylar, qui vit encore et qui a bien voulu me dire sur cette famille tout ce qu'une heureuse mémoire lui a permis de se rappeler. Je l'en remercie sincèrement.

(2) Lui-même avait adopté ce diminutif dans la signature de la plupart de ses tableaux.

(3) Voir, à l'appendice, son extrait de décès.

Son corps est aujourd'hui dans le tombeau de la famille Castillon, à Lambesc. Le caveau, couvert de terre, avait été oublié; le hasard l'a fait découvrir, il y a environ six ans.

III.

Paul du Queylar. — Ses œuvres.

Depuis le jour où il avait choisi Valmousse comme une retraite sûre pour la fin de ses jours, l'artiste usé, souffrant d'ailleurs, comme nous l'avons dit, des infirmités qui sont l'ordinaire et triste apanage de la vieillesse, ne s'adonnait plus à la grande peinture. Mais il a brossé, pour un certain nombre de propriétaires de Lambesc ou des environs, de petites toiles, aujourd'hui disséminées un peu partout et dont il serait difficile de donner une énumération complète. Et pourtant son œuvre ne fut point considérable, si nous avons égard à l'âge avancé auquel il parvint et à l'abondante fécondité de presque tous les artistes de cette époque.

Voici la liste de ses productions:

SUJETS MYTHOLOGIQUES.

Danaë exposée sur les flots, avec son fils Persée (salon de 1802).

Le Tribunal des Enfers (1804).

Bacchus élevé par les nymphes (1817).

Les Amazones en Attique.

SUJETS D'HISTOIRE ORIENTALE.

Jérémie prédit la ruine de Babylone.

Artémise buvant les cendres de son époux (1819).

SUJETS D'HISTOIRE GRECQUE.

Anacréon.

Pâris et Hélène (1817).

Les Héros grecs tirant au sort les captifs qu'ils ont faits à Troie (salon de 1808).

Archimède à Syracuse (1817).

La mort de Phocion (1).

SUJETS D'HISTOIRE ROMAINE.

Trajan distribuant les sceptres de l'Asie (grand plafond du palais Monte-Cavallo, à Rome) (2).

La Mort de Néron.

Bélisaire demandant l'aumône au pied d'un arc de triomphe élevé à sa gloire (1804) (3).

SUJETS D'HISTOIRE SEPTENTRIONALE.

Ossian chante l'hymne funèbre d'une jeune fille (salon de 1800).

SUJETS RELIGIEUX.

Sainte Famille (1810) (4).

La Danaë a été remarquablement gravée par Richomme. Du Queylar a typographié lui-même plusieurs de ses compositions, et notamment *Bacchus, le Tribunal des Enfers, la mort de Néron, Bélisaire. Jérémie,* etc.

---

(1) Pour la maison du roi.

(2) C'était le palais destiné à servir d'habitation à Napoléon Ier, pendant le séjour qu'il comptait faire à Rome.

(3) Kotzebüe, dans ses *Souvenirs d'Italie*, fait le plus grand éloge de *Bélisaire* et du *Tribunal des enfers* que du Queylar exécuta à Rome, en 1804. A propos de *Bélisaire*, Parrocel (Exp. des Beaux-Arts à Marseille en 1861), dit: " Porte fait la description de ce tableau. Cette sublime composition est, dit-il, bien supérieure à celle de M. Gérard, où l'intérêt est partagé entre *Bélisaire*, et son malheureux guide. „

(4) Remarquons, en passant, que tous les grands artistes de cette époque ont leurs tableaux religieux. David peint saint Roch et saint Jérôme; Gros, saint Germain; Girodet, Atala au tombeau, une vierge; Prudhon, le Christ en croix, l'Assomption, etc., etc.

Presque tous les originaux de ces toiles se trouvent aujourd'hui dans la famille, et le plus grand nombre à l'hôtel de Castillon, à Aix-en-Provence.

Une reproduction du *Bélisaire* par l'auteur lui-même est au musée de cette ville, ainsi que *le Partage des captifs de Troie.*

M. de Fontainieu, à Bordeaux, possède le tableau d'*Anacréon.*

La Sainte Famille est dans la chapelle du château de Valmousse; elle a d'ailleurs été reproduite par du Queylar lui-même, en une copie qui est dans l'église de Saint-Cannat (Bouches-du-Rhône).

Toutes ces œuvres sont dignes, à tous égards, de fixer l'attention des connaisseurs et de ceux qui s'intéressent à la grande manifestation de l'école française, au début de ce siècle. On sait, en effet, que Vien (1) et, après lui, David (2), son plus brillant élève, avaient donné un essor nouveau à l'art, en indiquant comme une source féconde la reproduction des sujets mythologiques et historiques. A leur exemple, c'est surtout à l'antiquité que s'adressent alors tous ceux qui se sont fait un nom dans l'histoire de l'art. Mais s'attacher ainsi aux sujets d'histoire antique, c'était s'attacher surtout au dessin. Là est en effet la caractéristique du talent de David. Comme on l'a bien dit (3), « il faisait reposer la qualité fondamentale du style dans la connaissance du nu et des formes si pures du corps humain et, après avoir formé ses élèves sur ce point, il leur faisait partager l'amour qu'il portait, non sans raison, il faut le reconnaître, à l'ampleur des vêtements des anciens. » Mais il y avait là un écueil, et David lui-même, malgré tout son génie, ne put jamais, du moins dans ses pre-

---

(1) 1716-1809.

(2) 1748-1825.

(3) M. Marmottan, l'*Ecole française de peinture* (1789-1830).

mières compositions, s'y soustraire entièrement. Il songeait trop à l'idéal, en s'inspirant des modèles de la sculpture antique ; il donnait trop souvent à ses figures la rigidité du marbre.

C'est le même reproche qu'il faut adresser aux compositions de du Queylar, son élève. Nulle part ce défaut n'est plus sensible que dans le grand tableau, pourtant si remarquable à tant de points de vue, des *Héros grecs tirant au sort les captifs de Troie.* Il y a là, malgré une admirable entente du groupement des personnages et un certain grandiose dans la composition, une raideur et une gêne qui déparent légèrement les qualités de cette belle œuvre.

Mais, quoi qu'il en soit, du Queylar mérite bien sa place, une place d'honneur parmi les artistes de l'école française du début du siècle. Il figura dignement aux salons de 1800, 1802, 1808, 1810, 1817, et l'Académie des beaux-arts le jugea digne du titre de membre correspondant, qu'elle lui décerna dans sa séance du 12 décembre 1835.

C'est, avec Granet, de Forbin et toute la génération des écoles d'Aix et de Marseille, un des fils illustres de la Provence, à cette époque. C'est à ce double titre que nous tenions à lui rendre hommage. Nous serions heureux d'avoir pu, pendant quelques instants, intéresser à lui et à ses œuvres les Dignois, ses concitoyens.

APPENDICE

I.

Le domaine de Valmousse.

Il serait peu intéressant pour nous de rechercher les noms des anciens propriétaires de ce domaine de Valmousse, où du Queylar finit ses jours.

La famille du Queylar avait acquis cette terre en 1776.

Au cadastre, de 1790 à 1835, on trouve : « Queylar Paul et Polissainne, frère et sœur, citoyens, demeurant à Marseille, tiennent le domaine de Valmousse de dame Barrigue Marie-Anne-Polyxène, veuve de Jean-Polyeucte Duqueylard, par acte du 24 fructidor an III, notaire Esménard. »

Au cadastre de 1835 à nos jours, le domaine est sur le nom de Camille de Pradines et Duqueylard Paul.

En 1848, la cote passe au nom de Henriette-Caroline de Pradines, veuve de Castillon.

Dans l'acte de mariage de Marie-Elisabeth-Polixène du Queylar avec Camille de Cola de Pradines (28 fructidor an III), le domicile de la mère de Marie-Elisabeth et de Paul est indiqué comme étant à Valmousse. De même, dans l'acte de mariage de Henriette-Caroline de Pradines (1) avec le baron de Castillon (4 mai 1819), le domicile de ses parents est toujours à Lambesc.

Le domaine de Valmousse passa ensuite de la famille Castillon à M. Rivoire, en son vivant président de la Chambre de commerce de Marseille, et de là à M. Domergue, son héritier, qui le possède actuellement.

Ajoutons que le domaine a une superficie d'environ 22 hectares et qu'il consiste en une maison de maître, deux fermes, des prairies, jardins, vignobles, terre labourable, amandiers et bois. On y récolte du blé, du fourrage, du vin ; la résine des pins y donne également lieu à un commerce assez important.

II.

L'orthographe de du Queylar.

L'orthographe du nom des du Queylar a singulièrement

(1) Fille de Marie-Elisabeth du Queylar et de Camille Cola de Pradines.

varié. D'Artefeuil, dans son Nobiliaire, cite un Jean du Caylar qui, dans un acte du 16 août 1448, avait latinisé son nom en *de Caylario*. Or, nous savons que la famille était originaire du Languedoc, et c'est évidemment du village du Caylar que vient cette dénomination (1). Dans la filiation des du Caylar, nous trouvons cette orthographe jusqu'au XVIe siècle. A cette époque, nous rencontrons, pour la première fois, la variante du Queylar, dans le contrat de mariage de Pierre avec demoiselle Marie des Pierres, fille de noble Simon et de dame Peyronne Daumas (2). Chose bizarre! Dans ce même contrat, alors que le fils écrit du Queylar, le père, gardien fidèle des vieilles traditions de la famille, maintient l'ancienne. orthographe. Depuis cette époque, c'est donc l'orthographe du Queylar qui domine, bien qu'à diverses reprises il faille encore constater, dans certains actes, la signature du Caylar. C'est ainsi, par exemple, qu'écrit son nom Jean-Saint-Bonnet, seigneur de Toiras, maréchal de France sous Louis XIII, et dont nous avons parlé plus haut. Pourquoi ces différences d'orthographe sous la plume des membres d'une même famille? Il serait difficile d'en donner une raison satisfaisante (3). Dans l'acte de baptême de Hugues-Paul du Queylar et dans celui de Marie-Elisabeth, sa sœur, le père et l'oncle signent du Queylar.

Dans le contrat de mariage de cette dernière avec Camille Cola de Pradines, les particules sont supprimées.

---

(1) Le Caylar, chef-lieu de canton de l'arrondissement de Lodève (Hérault), est à 20 kilomètres au nord de cette ville. La population est d'environ 800 habitants.

(2) Le mariage eut lieu le 29 décembre 1588.

(3) Pour ce qui est des actes, on peut, sans crainte de contestation, les attribuer à une erreur de copiste ou de scribe peu soucieux de la véritable orthographe du nom qu'il entendait prononcer. Aussi la fantaisie se donne-t-elle libre carrière dans certains documents; du Queylar y est écrit : du Queylard, Duqueylard, Du Queilard, de Quaylar, etc.

Camille Cola de Pradines a signé Camille Pradine: la mariée, Polyxène Queylar; la mère, Barrigue du Queylar; le peintre Paul Queylar.

Dans l'acte de mariage de Caroline-Henriette-Alexandrine de Cola de Pradines, issue de cette union, avec le baron de Castillon (1819), nous devons signaler certaines particularités de signatures: Duqueylar de Pradine; Fontainieu du Queylar; P. Duqueylar.

Sur un passeport de 1817, délivré à la mairie d'Aix et sur une autorisation de chasse à Valmousse, donnée à un employé du canal de Marseille, en date du 11 août 1842, la signature du peintre est absolument la même qu'en 1819. C'est d'ailleurs celle qu'il avait adoptée; tous ses tableaux sont signés de cette façon.

Quoi qu'il en soit et en dépit même de l'autorité des membres de cette famille, il doit rester acquis à l'histoire que la vraie orthographe du nom serait du Caylar. C'est la plus conforme aux traditions de la famille et elle a, sur les autres, l'avantage de fournir une indication précieuse pour le lieu d'origine.

Prosper Barrigue de Fontainieu (1760-1850).

Elève du paysagiste Denis, sous lequel il avait étudié à Naples, pendant la Révolution, Prosper Barrigue de Fontainieu s'est fait un nom parmi les artistes de l'école de Marseille comme paysagiste et peintre de marines. Ses œuvres les plue connues sont: *Une Offrande Champêtre*, *un Effet de soleil couchant* et un certain nombre de vues prises à Naples, Marseille, Grasse, etc.

Je relève, en outre, dans *l'Art dans le Midi*, de M. Etienne Parrocel, quelques indications précieuses sur Prosper de Fontainieu. En 1798, il fut adjoint à Guénin, alors directeur de l'école publique de dessin de Marseille. « Tous deux présidèrent à la formation du musée des arts, en compagnie de Claude François. Achard. Aubert, Audibert et Odossaint (1). » C'était l'oncle maternel de Paul du Queylar.

N'est-ce pas vraiment une bonne fortune pour cette famille de compter ainsi deux artistes de valeur, à la même époque et dans des genres différents ?

Les nobles verriers.

« Les verriers jouissaient autrefois dans quelques provinces de privilèges particuliers. Non seulement, s'ils étaient gentilshommes, ils ne dérogeaient pas en se livrant à la fabrication du verre ; mais, roturiers, ils acquéraient la noblesse, qu'ils pouvaient transmettre à leur postérité. De là l'expression de gentilshommes verriers. Pourtant, dès la fin du XVIe siècle, les parlements mirent à cet égard des restrictions et des réserves, quand ils eurent à enregistrer des lettres relatives à l'établissement de verreries. (Voir Delaroque, *Traité de la noblesse ;* Beaupré, *les Gentilshommes verriers ;* Le Vaillant de la Fieffe, *Des Verreries de la Normandie.)* »

(Ludovic Lalanne, *Dictionnaire historique de la France.)*

---

(1) E. Parrocel, *l'Art dans le Midi.*

PIÈCES JUSTIFICATIVES.

I.

Extrait de baptême de Paul du Queylar.

1771. Le trente-un octobre, est né, et le trois novembre, a été baptisé dans la chapelle du palais épiscopal, par Monseigneur l'illustrissime et révérendissime Pierre-Paul du Queylar, évêque et seigneur de Digne, etc., N. Hugues-Jean-François-Paul du Queylar, fils de messire Jean-Polieucte, chevalier, et de noble dame Marie-Anne-Polixène de Barrigue de Fontainieu, mariés. Le parrain a été Monseigneur l'Evêque, qui l'a baptisé, son grand oncle paternel, la marraine, noble dame Marie-Elisabeth Dupont, son ayeule paternelle. Présens les soussignés :

† P. Paul, Ev. de Digne.

du Queylar fils. — Dupont du Queylar.

L'abbé du Queylar.

Michel che. — Castel, curé.

Gaudemar, ptre.

(Extrait des registres de l'état civil de Digne.)

II.

Extrait de décès de Paul du Queylar.

L'an mil huit cent quarante-cinq, le deux mars, à neuf heures du matin, par-devant nous Jean-Louis Lèbre, adjoint, remplissant en l'absence du maire et du premier adjoint, les fonctions de maire et d'officier de l'état civil de la commune de Lambesc (Bouches-du-Rhône),

Sont comparus les sieurs Jean-François-Joseph Hugues, peintre, âgé de quarante-un ans, et Julien, maçon, âgé de quarante-sept ans, domiciliés et demeurant en cette commune, lesquels, en qualité d'amis du défunt, nous ont déclaré que le sieur Hugues-Jean-François-Paul Duqueylar, propriétaire et membre de l'Institut, âgé de soixante-et-quatorze ans, natif de Digne (département des Basses-Alpes), domicilié et demeurant à Lambesc, fils de feu *Polieucte* Duqueylar et de feue Marie-Anne Polixène *Barrigue*, est décédé le jour d'hier, premier du présent mois de mars, à quatre heures du soir, au château de Valmousse, terroir de Lambesc, ainsi que nous nous en sommes assurés et ont signé avec nous le présent acte, après que lecture leur en a été faite.

Signé : Hugues, Julien.

L'Officier de l'état civil,
Signé : Lèbre, *adjoint.*

(Extrait des registres de l'état civil de la commune de Lambesc, Bouches-du-Rhône.)

III.

Extrait de baptême de Marie-Elisabeth du Queylar.

1774. Le douze février an que dessus, est née, et par messire Jean-Joseph-Tranquille du Queylar, prêtre, chanoine, vicaire général et official, oncle paternel, a été baptisée noble demoiselle Marie-Elisabeth-Polyxène du Queylar, fille de noble messire Jean-Polieucte, chevalier, et de noble dame Marianne-Polyxène de Barrigue de Fontainieu, mariés. Le parrein a été messire du Queylar, qui l'a baptisée, la marreine, demoiselle Marie-Catherine du Périer. Présens les soussignés :

✠ P. Paul, Ev. de Digne.

du Queylar. L'abbé du Queylar,

Périer. Vic. gén. et off.

Espitalier, acol. Castel, curé.

de Barras, cap^e au Corps Royal.

Feissal, h. Deodet.

Dhesmivy Dauribeau. du Vair

(Extrait des registres de l'état civil de Digne.)

IV.

Extrait de mariage de Jean-Polieucte du Queylar et de Marie-Anne-Polixène de Barrigue de Fontainieu.

1770. 13 décembre. Jean-Joseph-Tranquille du Queylard, chanoine et vicaire général de Digne, bénit le mariage entre Jean-Polieucte du Queylard, conseiller du parlement de Provence, fils de Jean-Mathieu du Queylard et de dame Marie-Elisabeth du Pont, de Varages, diocèse de Riez, et Marie-Anne-Polyxène de Barrigue de Fontainieu, fille de Joseph-Marc-Roc de Barrigue de Fontainieu et de feue Marie-Anne de Gautier.

(Extrait des registres de l'état civil de Marseille, paroisse Saint-Martin.)

www.ingramcontent.com/pod-product-compliance
Ingram Content Group UK Ltd.
Pitfield, Milton Keynes, MK11 3LW, UK
UKHW020231180726
13838UKWH00005B/2321